朗读的重要性

张铁梅 著

西北工业大学出版社

西 安

图书在版编目(CIP)数据

朗读的重要性/张铁梅著 . —西安:西北工业大学出版社,2020.11

ISBN 978 - 7 - 5612 - 7377 - 7

Ⅰ.①朗… Ⅱ.①张… Ⅲ.①英语-朗诵 Ⅳ.①H311.9

中国版本图书馆 CIP 数据核字(2020)第 214108 号

LANGDU DE ZHONG YAOXING
朗 读 的 重 要 性

责任编辑:朱辰浩		策划编辑:雷 鹏	
责任校对:李 欣		装帧设计:李 飞	

出版发行:西北工业大学出版社

通信地址:西安市友谊西路 127 号 邮编:710072

电　　话:(029)88491757,88493844

网　　址:www.nwpup.com

印 刷 者:西安真色彩设计印务有限公司

开　　本:850 mm×1 168 mm　　1/32

印　　张:1

字　　数:15 千字

版　　次:2020 年 11 月第 1 版　　2020 年 11 月第 1 次印刷

定　　价:10.00 元

如有印装问题请与出版社联系调换

目　录

英语学习的绝好方法——重视朗读

中国学生学习英语常常忽视朗读。但是一定要重视朗读，多朗读，你才能打好英语基础，才能学有所成。要使用好英语，就要有好的语感。好的语感不会从天上掉下来，你要多熟悉英语，在这个过程中多多地朗读和背诵，掌握英语就会事半功倍。

为什么这样说呢？中国学生学习英语，重视的是语法、词汇和做题，却忽视了朗读。学习了十几年的英语，就是不会用。使用英语时，总是先想好中文，再翻译成英文——中式英语，还经常会因为没有想到合适的英文词对应而卡壳。学习者请切记，使用英语一定要学会用英语思维，而采用中文翻译的方法是使用不好英语的。要用英语思维,就要有好的英语语感。那么,好的语感是怎么得来的呢?

英语的语感只能来源于熟悉英语。语法、词汇和题海无助于语感的提高,它们只能帮你考试,如果长时间不用英语就会忘了。白学了!多可惜。如果能大声朗读,多重复,多背诵,这样学来的英语就是你的,一辈子也忘不了。

学习英语仅此一种方法吗?当然还有——留学、博学强记。留学的费用很高,需要花很多钱(而且不是一般的多),不是普通的家庭负担得起的;博学强记需要你有强大的记忆,这不是一般的人所拥有的(而且读音还得不错)。以上两种学习方法比较小众,但是多读多背是我们每个人都能做,而且做得到的。人人都能有所得,何乐而不为呢?

下面我们看看母语的习得,就会知道对于学习英语而言,朗读的重要性了。

我们的母语是如何习得的呢?首先是在婴幼儿时期不断地聆听来自成人的絮叨尤其是来自母亲的,这是朗读的初始阶段——熟悉和感知。其次是跟着成人牙牙学语,同时得到成人的不断修正——矫音。再后来就是入学后在老师的指导下学习——朗读和背诵。

由此,可以总结得出:母语的习得,首先是听,接下来是模仿,最后是系统的学习,这样习得的母语使用起来不会差得太远。

英语不是我们的母语,学习英语时,没有上面提到的学习环境(语境),全靠后天的努力,并且时刻还要排除来自母语的干扰,困难可想而知。我们的英语学习是与母语习得正好反过来的:先是熟悉技巧,再是熟悉语言本身,最后才是使用。可见,培养语感就自然成为了重中之重。

语感的养成又需要通过什么方法获得?又该怎么努力呢?

我们要为自己创造一个学习环境。首先,我们要排除几种对培养语感没有直接作用的学习方法:第一种是将着重点放在记单词、做练习题上。通过这样学习,使用的只会是中式英语。第二种是将着重点放在听上,而且很执着,吃饭时听,如厕时听,睡前也听,效果一定是事倍功半。功半已

英语学习的绝好方法——重视朗读

3

经是高估了,一点效果都没有才是常态。为何如此?因为你能看懂的不一定能听懂,这还要问问你:自己的朗读过关了吗?无论你对所听的内容多么熟悉,都无济于事,更有甚者,想通过如此来举一反三,更是无稽之谈,只会是盲人点灯——白费蜡。第三种是将着重点放在阅读上,这样也许能得到语感,但是缺少了听、说,你也只能是茶壶煮饺子——有货倒(道)不出,做不到听、说、读、写俱佳。

怎样才能做到为自己创造一个好的英语环境呢?那就是不能缺少朗读。尤其是在打基础的时候,在词汇、语法、做题和阅读的基础上加大朗读的训练量——起码比其他学习方法的用时多出20%,起到记忆、巩固和夯实的作用,这样,你学习英语的效果会是使用得更顺,记忆得更牢。语感还用愁吗?

朗读也是要讲究方法的,又该怎样读呢?

首先是要准。读准每一个音标,跟着老师或录音机模仿、跟读,就像跟妈妈牙牙学语一样。注意它们之间细微的区别并避免和汉语拼音混淆,同时还要注意音标相拼时的读音,不要荒腔走板地乱读。

其次是要像。英语读起来有轻、重音,小词不重读,读时一带而过,实意词要重读,读音要准确饱满,不要读出来轻、重一个样,不然你永远都快读不起来。不要吞音,不然时间长了,自己读的是什么连你自己都不知道了。

再次是要顺。英语读起来讲究语流,其中有许多语音技巧,如弱读、连读、失去爆破等,不是规规矩矩按词典上的语音读就行的。这里要提一下为什么要注重读的方法。在语流中,语音会发生变化,如果你不跟着变化,你说的人家不懂,人家说的你也不懂。举例来说,英语正常的语速是 1 分钟 300 个音节左右,在这么快的语流中,正确的朗读习惯能帮你捕捉重读词,猜出小词。如果不熟悉语音变化,听到别人说的英语你就会发蒙,跟不上节奏,最后自然就是听不懂了。

朗读重要吗?只有实践之后你才能体会得到。除了要注意上述的语音及语音技巧,朗读还可以夯实所学。我们总说不要死记硬背,但在学英语的时候，就是要"死记"和"硬背"，因为我们没有自然的学习环境，只有书本，听、说、读、写全靠它，不记不背就什么都不会。要背就要多读。记忆要反复，读也讲究反复。背放在后面，是因为用它兜底，听、说、读、写几方面，只要有它的存在就扎实圆满了。因为在读的时候，词汇知识、语法知识和语音知识都会照顾到，除非你没按照要求读。"死记硬背"多了，别人的就会变成了你的，就像母语习得中把妈妈的语言变成你的一样。方法不同，但殊途同归。怎么样？朗读很重要吧！

朗读的注意事项

朗读吧——熟悉英语

　　从学习方法来看,朗读有助于听、说,很多人都是认同的。至于是否有助于读、写,意见不同的人就多了。事实是,朗读对听、说、读、写帮助巨大,朗读的确是一种很好的学习方法,虽不是唯一的学习方法,但也是不可替代的。

　　朗读,你要不断地熟悉语音和语音技巧,同时,还在不断地熟悉词汇和语法。在这种情况下,朗读多了,语流就顺了,词汇和语法就记得更牢固、用得更顺当,这不就是语感提高了嘛。听和说的能力提高了,读和写也加快了,使用英语还难吗?如此一来,就能举一反三,综合素质也提高了。怎么样？朗读重要吧！

语感提高了，使用英语不再犯难，这能保证你用好英语，杜绝中式英语。下面举例说明。

坐公交车常听到报站的语音：大家请往后面靠，扶好站稳，下一站是……请准备下车。有些播报是这样的：Please move to the rear of the bus, hold well and mind your step. Next station is ... Please be ready to get off.

这段话意思没错、语法没错，就是太中国化了。几乎是一对一的翻译（直译）。而老外的播报则是这样的：Please move inside. Be careful. Next stop is ... 是不是很简单，很能说明问题？而像 mind your step 是分量很重的语言，不会轻易拿出来用的，只是在小朋友不听话、家长大声教训时才采用。而且，不是每个小站都要用 station 的。

熟悉英语是不是很重要？不熟悉就会闹笑话。当你语感好了，不需要再逐个字地翻译，你就会发现英语顺了，困难小了，说话也干练了。

朗读吧——读准读好

在学习的起始阶段，不要图快，先把音读准，然后再提速,这时就要注意语音技巧。注意,在没读准音之前不要提速。因为哪怕就是慢慢读,别人也能懂,不然只有你自己懂了。但是语速是一定要提的,不然别人用正常语速你就适应不了。但原则是先读准再提速,切记!

下面列举几个容易读错的音,看看你是否会犯同样的错。

首先,不要把 Aa[ei]读成[e],不要把 Hh[eitʃ]读成[etʃ],也不要把[eitʃ]读成[ei]qu。qu是汉语拼音,是圆唇的,而[tʃ]是破擦音,舌中部抬高抵住上颚,嘴唇成方形突出,气流冲破阻碍发音。注意,在摆好口型练习英语发音的同时,不要用汉语拼音去套。

其次,英语里有好几个中国人容易搞混淆的音,如[ei]和[e],[a]和[æ],qu 和[ʃ],[tʃ],[tr],[dr]。最后,要说的是英语有 4 个发音十分独特的音,如[ʃ],[ʒ],[tʃ],[dʒ],发这 4 个音时嘴唇成方形突出,不然发音就会错。错了,你就会听不懂,跟不上。小心,出师不易,步步有陷阱,注意区分,定能胜利。

朗读吧——掌握技巧

在这一部分不做过多阐述,我曾出版过一本名为《英语说与听》的小书,大家可以找来一阅。下面只是把中国英语学习者在学习时普遍存在的问题稍加讨论,希望引起大家的注意。希望大家不要吞音,不要轻重音不分,不要读破句。

中国学生普遍存在吞音现象,一些词尾往往都被省掉,例如,将表示一般过去时的词尾 ed 吞掉,你是在表达过去时吗?不但别人不懂你,久而久之,你自己说的英语连你自己都不懂了,更别说帮助记忆、提高语感了。

大家要注意,即使不发音(失去爆破),这个辅音也要保留发音部位和时间,而不是简单地抹去,听者能够听出它的存在。而直接抹去,就没了,一点痕迹都没有,如 studied,你把 ed 吞掉,那还是过去时吗?

另外,希望大家朗读时不要轻重音不分或轻重音平均分配。英语中只有实词需要重读,虚词是不用重读的。这样读出来的句子才流畅,重点突出。不然读得慢,重点不突出,如果快读起来的话,很多人就会缩短每个词的读音,这样读音就会出偏差。

怎么办呢? 解决的方法是,以实词为中心,它是"月亮",它周围的虚词(小词)都是"星星"。如果中心词是 1 拍,那它和它周围的小词共享 1 拍,它自己就占 3/4 拍,所有小词占 1/4 拍,就像是这样"众星拱月"般的。下面举例说明。

All my students are studying in the classroom.这句中第一个重读词是 students,它占 3/4 拍,而修饰它的 all my 只占 1/4 拍。后面的以此类推。studying 占 3/4 拍,are 占 1/4 拍,classroom 占 3/4 拍,in the 占 1/4 拍,这个句子读完一共是 3 拍。如果把握好了,朗读的困难就少了一大半了,想读得快起来也就容易多了。

最后,请大家注意不要读破句。朗读英语要注意意群,在意群中不要随意停。随意停,句子就不完整了,就不能很好地表达自己的意思。像名词词组、动词词组和介词短语都不能随意拆开,这些词组要一口气读完,读完才能稍事调整气息。

例如：All my students are studying in the classroom.其中 all my students 要一口气读完，are studying 要一口气读完，in the classroom 要一口气读完。也就是说，这些词组都是不能断开读出来的。断开，意思就不完整了，这就是读破句。但在很快速的语流中，语音是很快的，没有停顿也不足为奇。所以说，不要为了停顿而一定要停顿。但是知道哪里能停顿，我们就会读得更轻松、更流畅、更快速。

朗读吧——夯实基础

我们朗读时，不但会遇到语音问题，还有它们的载体——词汇、句子和其中体现的语法。名词加复数该怎么读？动词改变时态又该怎么读？等等。通过不断地反复，会记得更牢。

同时，我们不是简单地只用大脑记忆，而是五官在同时起作用，再通过反复，这样记得会更牢，而且听、说、读、写都会受益。

朗读的作用

朗读吧——听力最受益

为提高听力,有些人说,听够 300 小时的英语,听力就过关了,也有些人是看一遍再听,这些都是在做无用功。

听够 300 小时不如读够 300 小时,那样的话,你的听力就真的过关了。而看过再听,你只是语意上懂了而语音上并没有提高,就是说你心里上"听"懂了,其实也只是一种心理安慰罢了。

要知道朗读是认知的过程,在这个过程中,你既复习了词汇和语法,又通过朗读熟悉了语音,语音通过模仿、朗读、重复被你所掌握。只有这样你才能听懂,这比你硬听要来得顺当,水到渠成而且

13

必会水涨船高。不过要提醒的是,朗读朗读,一定要记得大声读。大声读不但练习了读,同时也是练习听的过程。一边读一边听,一举两得,不要再硬听了。读够 300 小时吧,听力,自然不会成问题了。

看完再听,为什么是在做无用功?因为,你只是在熟悉词汇和语法,却并不熟悉语音,你不能把它们融会贯通,把它们变成你能接受的东西,想想,这样你能听得懂吗?心里觉得听懂了,实际上只要语音稍作改变,语意上稍加变更,你就会全面崩溃,又听不懂了,不能举一反三,在做无用功。你看懂的是意思,要听懂,你要过语音关。为了融会贯通,为了举一反三,大声地朗读吧。

朗读吧——说地道英语

说一口地道的英语,是英语学习的最高境界。如"我想吃饭"不是"I want to eat rice."而是"I am hungry."。"我们在吃饭"不是"We are eating rice."而是"We are at table."。"菜品很丰富"不是"The dishes are more and delicious."而是"There is a rich table."。

通过朗读培养语感就能熟能生巧,而不是把中文直接翻译成英文,中英文各有其行文规律,并非是结结巴巴地拼凑。

要知道"I want to eat rice."表达的是我想吃的是米饭而不是面条或其他,却不是我饿了想吃饭了。"We are eating rice."也是一样,重点在米饭而不是其他。"The dishes are more and delicious."纯粹就是中式英语。

要口吐莲花,没有语感是不行的。要有语感,没有积累也是不行的,朗读会帮你积累,语感随之也会变好。如此一来,说一口流利的英语还难吗?

顺便提一下,你读得好,听力进步也会很快,反过来又作用于口语,它们相辅相成。多朗读,下点笨功夫,每天读书至少半小时,持之以恒。如果你有几年的朗读经历,或是能坚持一到两年,你的表达能力想不好都难。朗读吧!

朗读吧——阅读和语感共同提高

有些学习者看书是边看边查词典,把内容看得支离破碎,看到后面,忘了前面,这是由于词汇量不够,这是阅读的主要障碍。

俗话说:临渊羡鱼,不如退而结网。扩大词汇量,这大家都想得到,但还有一项必须的工作就是朗读。朗读能帮你牢记单词,活用单词。虽然这样的办法看似有些慢,不能立即生效,但基础打得牢,将这两样工作做好,阅读的障碍就会少很多,这是语感在起作用。你语感好了,看书时遇到生僻词不一定非要查词典,有些时候就能猜得出它们的意思,等于你织就了一张巨大的网,会有很多的鱼获。有了这个基础,阅读时,你不但能猜出生僻词,还能预测到下面行文会用到什么词,对于听力也是这样的。

你不再是一个被动的接受者,而是一个主动的推动者和受益者。阅读不再难,听力不再难,使用英语也不再难,这就是语感的作用。朗读就像鸟儿,词汇就像鸟儿的翅膀,鸟儿在翅膀的作用下,能越飞越高,不然则会掉下来。没有鸟儿,又何谈翅膀!

记单词不再用死记硬背,还有更好的办法——朗读。它不但能提高你的阅读能力,还能提高你的听力和写作能力。总之,朗读的作用可谓一石多鸟,何乐而不为呢?朗读吧!

朗读吧——下笔如神

有些人也许会说我基础不好,词汇不够,写不出来。其实是你语感不好,基础不好。

语感出自好的基础,基础不好,就多朗读。多读就能多背,肚子里的货多了,还怕倒不出来?你看特朗普的推文,词汇量大吗?只要把基本词汇掌握好(两三千个词汇),写一般文章,不成问题。除非写论文,词汇量要大些,但还是由一般文章写起为好,要学会灵活运用它们。例如:"我们还要学更多"这句话中是用 learn 还是 study,当然是learn;"我们还要更加努力地学习"这句话中是用learn 还是 study,当然是 study。俗话说万丈高楼平地起,所以,别小看基本词汇,用好还是不容易的。再如:"大家早上好"这句话中是用 everyone还是 everybody,当然是 everyone;"大家都来搞卫生"这句最好用 everybody,强调每个人都要到。基本词汇灵活,而词组表达力强,一个 look 就有许多固定搭配,每一种搭配都有自己的意思,要注意区别使用。例如：look at（看）；look for（找）；look over（观察）。英语中的常用俚语、谚语几乎都是由基本词汇组成的。例如：All work no play makes Jack a dull boy.（光做不玩，人变傻。）又如：Easy come, easy go.（来得快，去得也快。）把这些掌握好，写些一般性的文章就不成问题了，因为它们的使用率是很高的。

朗读吧，打个好基础，在不经意间，语感就这样培养起来了，写文章又有什么难的？至于写论文嘛，有的放矢地记些大学英语六级以上的词汇，与基础结合，下笔也是如有神的。怎么样？该朗读了吧。

结 语

为培养语感打基础，朗读不失为容易上手且事半功倍、涵盖面广的一种绝佳学习方法。要求只有一个——就是要读准，语音技巧可以在磨合中获得。

学习方法也不是一成不变的：对于在校学生来说，他们的语音接受能力强，就朗读、多背；对于成年人来说，就是记单词、多阅读。不过这也是有条件的，单词要读准，因为阅读时，心里同时也在默读，这也是朗读。这个很重要，没有这个步骤，打基础就要事倍功半了，或者是半拉子英语。

语感不是那么容易获得的，怎么样？开始朗读吧！

朗读虽重要，但并不是每个人都愿意做的。在我的学生中，女生愿意配合，男生则是拒绝的多；年纪大的愿意配合，年纪轻的则是拒绝的多。

一般来说，女生对语言敏感，模仿能力强，背功能力出色。所以一旦她认为找对了老师,她会如饥似渴地学习,努力配合你。你要她多读,她会读到你认可为止。

这样的学生是最好教的。只要教学得当,她们进步会很快。我有一个学生,来找我时,历次英语考试没超过 20 分。经过一年多的调整,她的英语考分没再低于 136 分。为什么用这么具体的分数来说明问题,是因为她在冲刺 130 分的时候,英语的从句把她搞糊涂了,尤其是从句套从句的模式。每次教学,我让她翻译,她一翻译,我就知道她没懂。当然是死翻,不是意翻。我就是看她有没有搞清楚句子中各个成分的关系。

她弄懂了才会翻译、才会读,不然根本分不清意群。读多了、记多了,再反过来促进理解,之后记下来,这就是她自己的学习方法。这也是她那 136 分成绩的由来。

初教她时最费心,她每星期要来我这里两次:预习一次,花费 3 小时;复习一次,花费 3 小时。等到她成为班上的英语课代表后,就改为每星期一次,每次 3 小时。这要归功于朗读。她要在我的监督下读书,要读准、读顺,最后基本上是读到能背,每篇课文差不多都能背。再同时做些同步练习,帮她答疑解惑。她的成绩上去了,她的同学都问她在做什么练习,其实是朗读的功劳,可是许多人却看不到。因为,你把课文读准、读熟了,老师讲课你就跟得上,通过上课进一步夯实了知识,学习还难吗?朗读吧!

至于男生就没那么顺利了。他们好像对反复读书很反感,甚至有打退堂鼓的。尤其是偏科的学生,数学好,英语差。他们老想着走捷径,以为像学习数学一样,能找出个什么公式套一套就行了,不愿意下死功夫。结果都走了弯路,本来可以事半功倍,却适得其反,成了事倍功半。因为没有早期的朗读,之后再怎么努力,结果都是有缺陷的——中式英语或喜欢用大词。别小看朗读,朗读吧!

对于这些学生,我采取折中的办法。他不愿意朗读但不反对读单词。于是我先辅导他们读好单词,在他们熟悉课文后复述课文,然后拟题让他们写作文。这些他们都愿意做,并且学习的效果也差不多。就是听、说没有那么随心所欲,但上课和语感都是不错的,语感好,听、说会赶上来的。归根结底还是要多朗读。

校内的学生是这样的,那社会上的学员又是怎样的呢?

我教过的学生无论是哪样的,他们都有个共同点,就是努力,自动自觉想学,不用督促,拼命补短板——听、说。可他们就是不知道要朗读。他们有基础，有社会经验，知道自己的短板，他们需要朗读，不然他们的听、说问题永远也解决不了。

正是因为他们知道自己的短板，他们非常愿意听老师介绍学习方法，恨不得老师 24 小时陪着他们，帮他们纠正语音，陪他们练习。

在他们中间，年长者朗读的愿望更强烈，可能是因为他们听、说不好吃过太多的苦头，因为他们不是出国工作过就是即将要出国。表达成了大问题，语感阻碍了他们。

对于年长者，他们的问题是发音障碍和记忆力下降。发音障碍，是因为他们早已形成了一套自己的发音体系，已经积习难改，他们喜欢用自己的发音去套改英语语音，结果不伦不类，谁也听不懂。

这样的话，我就帮他们一个音标一个音标的纠音，然后做相近似语音的对比，强攻猛炸，并随时陪练；增加听力练习，多做听写、填空。老师的陪练很重要，他们除了自己读，同时老师帮助他们正确使用，除了纠音也是一个朗读的过程，帮他们增加语感，夯实所学内容，就是累点，但也是值得的，学生尊敬你，自己有成就感。我的学生们，毕业了也别忘了朗读，否则学的内容很快就会被淡忘掉。朗读吧！

年轻的学员学有所成，他们有自己的一套学

习方法,但不是针对英语的学习方法。所以他们也是死记硬背的反对者,却仍在摸索一条捷径,或什么可以套用的公式。死心吧,没有捷径可寻。语法不是公式,在英语里只能解说不能使用,想通过语法来使用英语,用一个不甚恰当的成语——盲人摸象是摸不出来真东西的。有句套子,但你知道什么时候用吗?没有语感,句套子再多也白搭。其实,英语中常用的句套子就那么几个,反复使用,却常用常新,这需要语感。还有词汇,词汇是个好东西,词汇多了,看书多了,记得多了,语感也会好。听、说、读、写你可能读、写能过关,但听、说呢?还是要多朗读,不过,这时的朗读可以分量少点,增加默读的量。朗读起润滑的作用,不一定要背。可以的话选些美文,将其精彩段落朗读背诵,既有益又养心,何乐而不为!为了语感,朗读吧!

这些学员的学习可以使用从词汇到阅读的方法。词汇要读准,阅读要默读,适当朗读,多使用英语,即多写多交流!

该收笔了。说了那么多无非就是要增加语感,朗读是个好办法,而且是个无法替代的办法,默读只是没有办法的办法,但要注意,一定要读准,不然你读也白读,别干那蠢事。不管是朗读还是默读都是读,但要针对不同的学习方法。如果能按部就班地从朗读开篇,一定能文思如泉涌。朗读吧!

最后说说朗读的量。小学和初中阶段,要通篇朗读和通篇背;高中阶段,每篇课文的重要段落要朗读和背诵;大学阶段,读记词汇、读背美文、随时默读。

下面,我举几个实例。

第一个学生,是一个成绩很差的女生,英语成绩一直在 20 分以内,其他几科也不过五六十分,但她父母对她期望很高,希望她能上大学,她自己也有这个愿望。她一直在补课,但钱花了,成绩却不见好。后来她找到我,第一次课她就反映听不懂,不是理论高深她不懂,而是她对所学内容一窍不通。开始的时候,我们约好一星期一次 3 小时的辅导,我做的是补习和校准工作,结果不行,效果很差,我就做了修改,改成每星期两次,每次 3 小时。教学从兜底改为预习、兜底,上个星期预习,下个星期兜底。还是一星期两次课,但分别是以下两课内容:

(1)预习:读记生单词,读准、读顺课文,翻译大概弄懂课文,口头做一遍课文里的练习;

(2)兜底:读课文,背课文,做同步练习,写作文,当然其中的改错和讲解是必不可少的。

开始的时候进度很慢,基本上与学校同步。后来就快起来了,复习、学字母、学音标,每次辅导都安排得很满。她的成绩也逐渐好转:60 分、80 分到 130 分。用了 1 年多,后来她如愿考上大学。为什么停留在 130 分,是因为我当时有家事而无法分身。那时,她也对她父母说老师教过我学习方法,我可以自学,家教就停了。

第二个学生,是个优秀生,各方面都很好,就是语音不好而且语感没培养起来,需要点拨。我给她定的学习路线是识音、辨音、朗读(包括读单词)、复述课文、写作文、自学语法并做练习,我批改。我教了她 1 年多,她中考考上了广州最好的高中之一——广东实验中学。临考大学前,她来找我,我们花了几个星期把她高中 6 本英语课本复习了一遍。我们是这样做的:先读好课文,然后我说中文她就课文说英文,每课都这样过,其中有答疑、区分同义词。最终她考上了北京航空航天大学,她在广州当时的众多考生中排第 1 000 名。

在大学期间,她也学得很好,获得了北京航空航天大学双学士学位,后来又到美国留学取得硕士学位。她英语能力很强,靠的就是中学、大学的英语积累,没有参加过什么补习班、预科班之类的。

第三个学生,我正在教,她是个大酒店的会

计。她的英语几乎是一张白纸，比第一个学生的基础还要差。我们从头开始，从《新概念英语》第一册开始。第一课首先是字母表，明白怎么读如何写，其次是将课文的词汇结合音标（我每课都教几个）读好，再次是课文的读背，单词听写，最后是写作文。一星期一次课，每次课分两部分——复习和启新。每一课首先背书，听写上一课的词汇，写作文。然后读下一课的词汇和课文。我只负责读和记忆的部分以及答疑、改错、批改作文，其他让她从第一课起，从最简单的练习开始做起，一点一点积累掌握。我不讲解语法，不标重点。书里全都有，语法她在看，有问题就问。学了1年多，她的文章写得有声有色，两次去日本，英语都够用。我们就要开始学《新概念英语》第三册了，她自学是完全有可能的。

我这3个学生都有一个共同之处——不排斥朗读，肯记，因此学习起来得心应手——语感好。

怎么样？朗读吧！